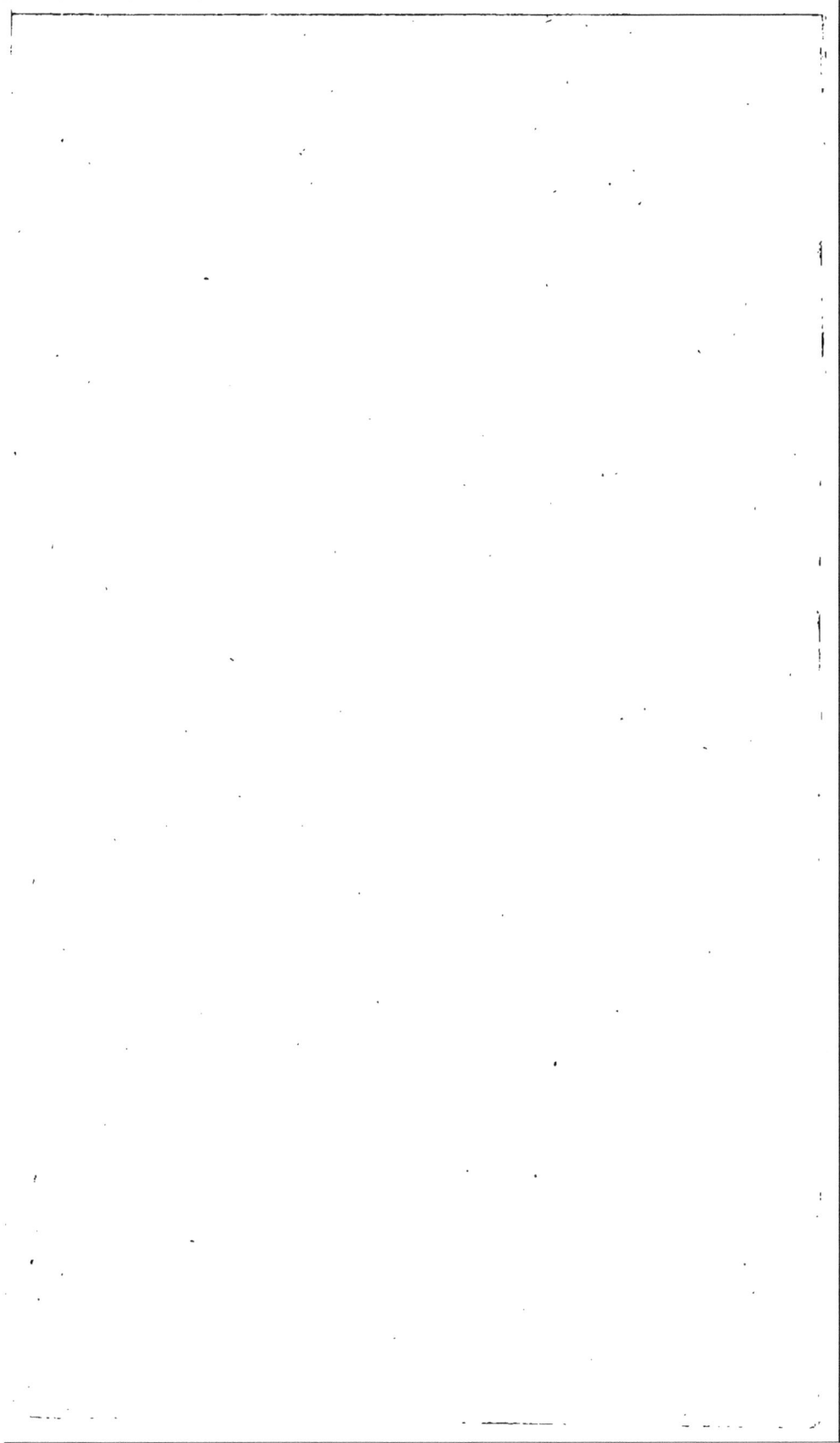

$LK_{5}^{14}3$

MÉMOIRE

PRÉSENTÉ à l'Assemblée du Conseil
des trois Ordres du Bugey, tenue
à Belley le 10 Février 1789,
par deux Syndics généraux du
Tiers-Etat., nommés Commissaires
par l'Assemblée du 2 Décembre
1788.

MÉMOIRE

PRÉSENTÉ à l'Assemblée du Conseil des trois Ordres du Bugey, tenue à Belley le 10 Février 1789, par deux Syndics généraux du Tiers-Etat, nommés Commissaires par l'Assemblée du 2 Décembre 1788.

MESSIEURS,

LA connoissance & la discussion des privileges qui ont divisé & isolé chacun des Ordres de cette Province, doivent précéder l'examen de notre Administration actuelle ; & la demande du rétablissement de notre constitution primitive, ou d'une constitution plus parfaite, doit être *la suite* des sacrifices que la justice & les avantages de la concorde exigent de chacun des Ordres de cette Province.

L'exemption de tailles des deux premiers Ordres & des Privilégiés du Tiers-Etat, est TOTALE aujourd'hui ; mais en découvrant, à vos yeux, les fondements

A ij

de ces privileges, vous verrez, MESSIEURS, leur peu d'importance ; vous verrez que leur exiſtence a commencé par une erreur, & qu'ils ne ſont devenus conſidérables que par de grands abus. Le ſacrifice que vous allez faire de ce droit abuſif d'exemption, ne balancera pas les pertes réelles que fera le Tiers-Etat : ſa voix, qui ſe portoit juſqu'au pied du Trône, pour faire entendre au Souverain les ſentiments d'amour, de reſpect, & les beſoins de ſon Ordre, ne pourra plus s'exprimer que par l'organe du Clergé & de la Nobleſſe : le droit & la facilité qu'il avoit de s'oppoſer à l'homme puiſſant & injuſte, dont la demande ou l'entrepriſe tendoit à aggraver le ſort du peuple, ſe perdront dans l'Adminiſtration réunie des trois Ordres.

Vous allez donner un peu de votre ſuperflu, & le Tiers-Etat renonce à des droits dont la valeur eſt incalculable : vous allez faire le ſacrifice d'un privilege fondé par l'erreur, agrandi par l'abus ; & le Tiers-Etat fait le ſacrifice de privileges réels, fondés ſur le droit naturel & poſitif : mais le bien-être général qui doit réſulter de la réunion des trois Ordres, décidera le Tiers à renoncer à ſes droits les plus précieux.

§ Ier.

Des impôts perçus en Bugey avant 1601.

Nous trouvons dans l'hiſtoire de Breſſe & de Bugey, par Guichenon, page 31, que juſqu'en 1535, pendant que ces Provinces appartinrent aux

Comtes & Ducs de Savoie, il n'y avoit aucune taille fixe ; mais que, selon les nécessités de l'Etat, ces Princes demandoient à leurs sujets les sommes dont ils avoient besoin ; les *Trois-Etats* accorderent des levées de deniers en 1403, 1442, 1443, 1448, 1451 & 1466.

En 1535, François Ier fit la conquête du Bugey. Le même auteur ajoute : « Sous la domination des » Rois de France, François Ier & Henri II, la » maniere d'exiger l'impôt changea en Bresse & » Bugey ; car les impositions furent faites de trois en » trois ans, & se nommoient *octrois*, d'autant que » les Gouverneurs & Lieutenants généraux de la » Province en faisoient demande aux *Trois - Etats*, » qui, étant assemblés, délibéroient la somme qu'on » accorderoit à Sa Majesté, qui étoit toujours moindre » que celle demandée. Les patentes sur lesquelles on » faisoit les impositions, contenoient déclaration » expresse du Roi, que lesdites sommes étoient » octroyées volontairement à Sa Majesté, *sans que* » *ses sujets de Bresse & Bugey y fussent tenus*. »

La Bresse & le Bugey ayant été rendus, en 1559, au Duc Philibert-Emmanuel, qui avoit été privé de ses Etats pendant 24 ans ; ce Prince, accablé de dettes, s'empara du débit du sel ; &, suivant Guichenon, le sel ayant été mis à certain prix, il y avoit des commis qui le distribuoient *à toutes sortes de personnes indifférem-ment, Ecclésiastiques, Nobles & Tiers - Etat, par capitation* ; ainsi, il n'y avoit personne qui fût exempt de cet impôt.

Ce genre d'impofition fut fupprimé, enfuite de conventions faites entre le Peuple & le Duc Philibert-Emmanuel, ainfi que l'on le voit dans l'Edit donné à Lagnieu en 1564. Cet Edit convertit la gabelle fur le fel, en deniers ordinaires, qui feroient levés également fur chacun, le fort portant le foible : la portion contributive du Bugey fut de *9700 écus*; le montant de cet abonnement prit enfuite le nom de taille ordinaire.

Quoique cet impôt eût remplacé une perception inquiétante & onéreufe qui fe faifoit fur le Clergé & la Nobleffe, ainfi que fur le Tiers-Etat, vos deux premiers Ordres n'y vouloient pas contribuer, fous le prétexte que le Tiers-Etat ayant fait feul l'abonnement, cet impôt ne pouvoit plus regarder que cet Ordre. Ces prétentions donnerent lieu aux plaintes du troifieme Ordre, en Savoie, en Breffe & en Bugey : alors fortit l'Edit de 1584, *qui fixe & regle pour la premiere fois*, le privilege d'exemption du Clergé & de la Nobleffe.

L'Edit de 1564 fut caufe que les Affemblées des trois Ordres ceffèrent d'avoir lieu ; le Clergé & la Nobleffe s'ifolerent, afin de ne pas payer l'impôt en remplacement de la gabelle, & afin de fe fouftraire aux contributions des autres charges publiques.

Cependant l'Edit de 1584 fut exécuté, le Clergé & la Nobleffe furent impofés en taille ; & quoique vos deux premiers Ordres ne vouluffent pas tenir des Affemblées communes avec le Tiers-Etat, le Souverain, pour dédommager cet Ordre, ne laiffa pas de vous faire contribuer féparément.

Suivant Collet, livre 2, page 364, « les deux
» Ducs de Savoie, derniers poſſeſſeurs de la Breſſe
» & du Bugey, avoient ordonné dans ces Provinces
» certaines contributions par maniere d'*Aides*, dont
» la recette ſe faiſoit à Belley...... On n'emploie
» dans ces pays le mot d'*Aides*, que pour exprimer
» les contributions qu'on *impoſe ſur ceux qui ont*
» *été exempts des logements des gens de guerre,*
» *pour dédommager en partie ceux qui les ont*
» *ſoufferts.* »

Le même auteur dit encore, page 357, « qu'Em-
» manuel-Philibert fit lever des impoſitions *ſur les*
» *Gens d'égliſe*, preſque touṣ les ans, depuis ſon
» rétabliſſement dans ſes Etats. »

Il eſt certain que, juſqu'à l'Edit de 1564, les Trois-
Etats votoient & contribuoient en commun aux impôts & aux charges publiques. C'eſt l'erreur d'avoir
donné le nom de taille à l'impôt en remplacement
de la gabelle, qui fit naître au Clergé & à la Nobleſſe
l'idée de ſe ſouſtraire à cette contribution ; & cela,
parce que vos deux Ordres venoient d'apprendre,
pendant la réunion momentanée de ce pays à la
France, que dans ce Royaume le Clergé & la
Nobleſſe n'y payoient pas l'impôt qui portoit cette
même dénomination. Le motif de la taille qui
commença à être perçue en France, ſous le regne
de Charles VII, eſt aſſez connu, pour nous diſ-
penſer de prouver qu'il n'y a jamais eu aucune
analogie entre la taille miſe ſur les Provinces fran-
çoiſes, & celle accordée, en Bugey, aux Ducs de
Savoie, en remplacement de la gabelle : ainſi,

A iv

tous les moyens que le Clergé & la Nobleffe vou-
droient tirer en leur faveur des anciennes loix
de France, ne feroient nullement applicables à la
pofition de ces deux Ordres en Bugey.

§ I I.

Du privilege d'exemption du Clergé;

Vous vous rappellez, Messieurs, que jufqu'à
l'Edit de 1564, le Clergé & la Nobleffe avoient
contribué à toutes les charges publiques en raifon de
leurs propriétés, ainfi que le Tiers-Etat : vous vous
rappellez que les plaintes du troifieme Ordre déci-
derent le Souverain à donner fon Edit de 1584,
qui fixe l'étendue de vos privileges.

Ce dernier Edit porte « que tous les propriétaires
„ fans exception feront cotifés en tailles dans les
„ rôles des paroiffes de la fituation des biens, fans
„ que nul, pour raifon d'iceux, puiffe fe prétendre
„ ou dire exempt ; *fauf & excepté feulement les*
„ *Eccléfiaftiques pour les biens anciens du patri-*
„ *moine de l'églife*, & dépendants de leurs prélatures,
„ chapitres, monafteres, églifes & bénéfices. »
Cette loi divife les biens de l'églife en deux portions :
les biens anciens qui ne doivent pas être impofés à la
taille, *& les biens nouveaux* qui font affujettis à cet
impôt. Mais à quelle époque faudra-t-il s'arrêter pour
fixer cette féparation des biens anciens & des biens
nouveaux ? Le Clergé prétend que c'eft à la date
de l'Edit ; cette explication ne paroit pas jufte:

puisqu'en 1584 le Duc de Savoie parloit des biens anciens de l'églife ; il y avoit donc une époque bien antérieure à laquelle on diftinguoit alors les biens anciens des biens de nouvelle acquifition ; & puifque le Souverain parloit des biens anciens, il falloit néceffairement qu'il y eût des biens nouveaux. Au furplus, fi l'intention du Duc de Savoie avoit été d'exempter de tailles les biens poffédés par le Clergé en 1584, fon Edit auroit tout fimplement porté : « Les » biens actuellement poffédés par l'églife, jouiront de » l'exemption, fauf à impofer ceux qu'elle acquerra » par la fuite. »

Nous ne pouvons pas dire quelle eft cette époque ancienne à laquelle on doit remonter pour trouver la féparation entre les biens anciens & ceux de nouvelle acquifition, ne connoiffant pas les loix anciennes du Duché de Savoie ; il nous paroît cependant démontré rigoureufement que l'on ne doit pas fur cet objet s'arrêter à l'époque de 1584, & qu'il faut néceffairement la chercher dans une antiquité plus reculée. Quoi qu'il en foit, les biens de nouvelle acquifition du Clergé font fujets aux mêmes impofitions que les biens du Tiers-Etat.

§ I I I.

Du privilege d'exemption de la Nobleffe.

Cet Edit de 1584 fixe également les privileges de la Nobleffe ; il y eft dit : « Sans que nul puiffe fe » dire ou prétendre exempt, fauf & excepté feulement

» les Eccléfiaftiques . . . . . . comme auffi les biens
» des *Gentilshommes nos vaffaux*, *iffus d'ancienne*
» *race*, & autres de qualité noble, tenus & approuvés
» tels avant l'accord defdites gabelles, (c'eft-à-dire
» avant l'Edit donné à Lagnieu le 18 Juillet 1564 ;)
» demeurant les biens ruraux, tant des autres pré-
» tendus ennoblis pour le temps & efpace de 50 ans,
» dès la date des préfentes, ... que de ceux
» qui pourroient être par ci-après ennoblis par nous
» ou nos fucceffeurs, contribuables & fujets à ladite
» contribution de gabelle pour ledit temps & efpace
» de 50 ans, dès la date de leurs lettres d'enno-
» bliffement. »

Par le traité d'échange de 1601, par les réponfes
fur les cahiers préfentés à Henri IV par les différents
Ordres, le Roi confirma les loix, ufages & privile-
ges de la Province, & envoya des Commiffaires au
Pays, pour régler tout ce qui regardoit les impôts.
Alors fut fait, par M. de Gaftines, & autres Commif-
faires, en préfence des Syndics généraux des trois
Ordres, le Réglement fur le fait des tailles de ce
Pays-ci, revêtu de Lettres-patentes données par
Henri IV, dans fon Confeil d'Etat, à Poitiers, au mois
de mai 1602.

Il y eft dit, art. 22 : « Que *les Ennoblis depuis 50*
» *ans*, feront taxés aux rôles . . . . pour raifon des
» biens ruraux par eux poffédés . . . . demeurant au
» furplus lefdits Ennoblis depuis 50 ans, en leurs fran-
» chifes & immunités pour les héritages féodaux par
» eux poffédés. . . . »

Il y eft dit, art. 23 : « Seront auffi taxés & com-

» pris éfdits rôles , *les Ennoblis depuis* 20 *ans* , pour
» raifon de tous leurs biens meubles & immeubles
» quelconques , nonobftant leurs lettres d'ennobliffe-
» ment , lefquelles font & demeurent révoquées &
» annullées , fuivant les Edits & Réglements géné-
» raux. »

Il y eft dit , art. 26 : « Et quant à la prétention
» du Tiers-Etat contre *les anciens Nobles* , pour la
» contribution des héritages roturiers par eux acquis
» depuis l'affiette & defcription des tailles , ... *le*
» *Jugement en eft demeuré indécis ;* & cependant ;
» & jufqu'à ce qu'autrement en foit ordonné , lefdits
» anciens Nobles ne feront compris ou cotifés ès
» rôles des tailles des Paroiffes riere lefquelles les
» héritages roturiers , par eux poffédés , font fitués
» & affis. »

L'art. 42 dit encore : « *Les Ennoblis depuis* 50
» *ans* , jouiront de la franchife & exemption pour
» leurs héritages nobles & féodaux , . . . & ne *feront*
» *contribuables que pour raifon des biens roturiers*
» *& ruraux . . .* »

Par tout ce qui précede , il eft prouvé clairement
qu'à l'époque de 1602 , *les Ennoblis depuis* 20 *ans*
doivent être impofés en tailles , pour raifon de tous
leurs biens généralement quelconques ; que *les Ennoblis*
depuis 50 *ans* , à la même époque de 1602 , ne
doivent jouir de l'exemption de tailles que pour leurs
biens féodaux ; & qu'enfin , toujours à la même
époque de 1602 , *les anciens Nobles* n'ont dû jouir
de l'exemption de tailles pour leurs biens ruraux

acquis poſtérieurement à l'Edit de 1564, que pro-
viſoirement & juſqu'à un Jugement définitif.

La Nobleſſe du Bugey préſenta, en 1605, ſes
cahiers à Henri IV. Par l'article ſecond, elle
demandoit : « Que *tous les Nobles anciens, & ceux*
» *depuis 50 & 20 ans*, ne fuſſent plus ſéparés &
» déſunis, & qu'il lui plût les créer tous de nou-
» veau, quand beſoin feroit, Gentilshommes du
» Corps de ladite Nobleſſe, francs & exempts dès
» à préſent & à jamais, eux & les leurs, de toutes
» charges, autres que celles auxquelles ſont tenus
» les plus anciens de ladite Nobleſſe, &c. »

Le Roi répondit : « Sa Majeſté, avant que faire
» droit au contenu ſur le préſent article, a ordonné
» qu'il ſera informé d'office, ſur les lieux, de l'*uſance*
» du paſſé, du nombre deſdits Ennoblis, & de l'in-
» commodité que ladite décharge pourroit porter au
» Tiers – Etat, au cas même que leſdits Ennoblis
» fuſſent reçus à payer l'indemnité ès paroiſſes de
» leurs réſidences ; pour, ladite information rappor-
» tée, y être pourvu ainſi qu'il appartiendra. »
(L'on ne trouve aucuns veſtiges de l'exécution de
et article.)

Par la réponſe à l'art. 3 des mêmes cahiers, le
Roi convertit en *définitif*, *ce qui n'étoit que provi-*
ſoire, ſuivant l'art. 26, ci-devant cité, *des Let-*
tres - patentes de 1602.

La Nobleſſe obtint des Lettres-patentes, les 7 août
1605 & 4 août 1607, pour ſanctionner les réponſes
ſur ces cahiers ; mais lorſqu'ils en demanderent l'enté-
rinement, les Syndics généraux du Tiers-Etat s'y

oppoferent : il y eut des conteftations affez longues, enfuite defquelles elles furent entérinées au Parlement de Dijon, le 18 janvier 1611. Les Syndics du Tiers-Etat fe pourvurent alors au Confeil privé du Roi, où fut rendu Arrêt le 14 juin 1612 ; cet Arrêt porte, *que tous les Nobles qui acquerront biens ruraux ci-après, paieront tailles pour raifon d'iceux.*

Depuis cet Arrêt de 1612, l'on ne connoît aucune loi émanée du Souverain, pour ou contre le privilege de la Nobleffe du Bugey. Cependant le Confeil du Tiers-Etat de Breffe, vient de faire mention, dans fa Requête au Roi, d'un Arrêt rendu au Confeil le 30 avril 1613, qui fufpend l'exécution de celui du 14 juin 1612, jufqu'à ce qu'il en ait été autrement ordonné par Sa Majefté.

Ne connoiffant pas cet Arrêt, nous ignorons s'il eft particulier à la Nobleffe de Breffe, ou s'il eft rendu en faveur de la Nobleffe des deux Pays.

Quand cet Arrêt de furféance feroit commun aux deux Pays, il ne pourroit pas être un titre d'exemption pour toute la Nobleffe du Bugey. L'on vient de voir que l'art. 26 des Lettres-patentes de 1602, porta que, jufqu'à ce qu'autrement en foit ordonné, *les anciens Nobles* ne feront compris & cotifés ès rôles des tailles pour leurs ruraux. Par les Lettres-patentes de 1605 & 1607, Henri IV voulut que cet article 26, qui n'étoit que provifoire, fût définitif, & que par conféquent l'ancienne Nobleffe jouît de l'exemption de tailles pour fes biens ruraux ; l'Arrêt de 1612 les affujettit à payer la taille pour les biens qu'ils acquerront depuis cette époque : l'Arrêt cité par le Tiers-Etat de

Breffe, fufpend l'exécution de celui-là. Il eft certain, qu'il n'y a rien dans tout cela qui prononce une exemption pour la Nobleffe qui avoit 50 & 20 ans, à l'époque de 1602 ; il en réfulteroit feulement la preuve d'une exemption PROVISOIRE en faveur de l'ancienne Nobleffe.

Nous penfons donc qu'il eft démontré avec évidence par les Edits, Lettres-patentes & Arrêts ci-devant cités,

1°. *Que ceux qui étoient ennoblis depuis 20 ans, à l'époque de 1602*, doivent être impofés aux tailles pour raifon de tous leurs biens meubles & immeubles quelconques, nonobftant leurs lettres d'ennobliffement, lefquelles font & demeurent révoquées & annullées.

2°. *Que ceux qui étoient ennoblis depuis 50 ans, à la même époque de 1602*, ne doivent jouir de l'exemption de tailles que pour leurs fiefs.

3°. *Que les anciens Nobles, à l'époque de 50 ans avant 1602*, doivent payer la taille pour les biens ruraux qu'ils ont acquis poftérieurement à l'Arrêt de 1612 ; *& que cependant ils en font peut-être exempts PROVISOIREMENT par l'Arrêt de 1613.*

L'on ignore comment la Nobleffe ancienne & moderne eft parvenue à jouir aujourd'hui du privilege d'exemption totale de toute efpece de tailles : l'on penfe que cet abus peut devoir fon origine aux droits confidérables perçus pour les rejets des cotes de tailles, & pour l'enrégiftrement des titres de Nobleffe.

Cet abus de l'exemption totale de la taille, dont

jouit la Nobleffe , contre la teneur des titres mêmes
dont elle s'autorife , vient encore de ce que le Souverain créa , en titres d'offices , fur la fin du fiecle
précédent , des charges de Greffiers des rôles dans
chaque Ville , Bourg & Paroiffe du Bugey. Cces charges furent achetées par *des Eccléfiaftiques , des Nobles,
des Châtelains , des Curiaux , &c.* ces Titulaires
mirent dès-lors une telle confufion dans la répartition
des tailles , qu'il n'a pas encore été poffible d'y rétablir l'ordre , malgré le rachat de ces charges fait par
le Tiers-Etat , & le nouveau régime qui en a été
la fuite.

§ I V.

De la Taille induftrielle & perfonnelle.

Le Clergé , la Nobleffe & les Privilégiés du Tiers-
Etat de cette Province , ne paient indirectement
aucune efpece de taille ; c'eft-à-dire , que leurs fermiers , grangers ou métayers font exempts de tailles
induftrielles pour raifon de leurs fermages. Ce privilege étoit celui des Trois-Etats ; il avoit été accordé
au Bugey par l'art. 28 des Lettres-patentes de 1602 ,
& cela à caufe de la pauvreté du pays , & de la
difficulté qu'il y avoit d'y trouver des fermiers ; le
tout cependant par provifion , & jufqu'à ce qu'autrement en eût été ordonné.

L'Edit de 1667 fupprima l'exemption des fermiers
dans toute la France ; depuis cette époque , les fermiers des exempts , ainfi que ceux des taillables , font
devenus contribuables aux tailles , à raifon de leurs

profits. L'on trouve quelques anciennes traces qui indiquent que cet Edit avoit été mis à exécution en Bugey ; mais aujourd'hui l'on ne voit plus dans les rôles des tailles de ce Pays , aucunes cotes induftrielles faites aux fermiers du Clergé , de la Nobleffe & du Tiers-Etat : c'eft encore là un abus qui eft l'effet des caufes ci-deffus mentionnées.

Suivant les Lettres-patentes de 1602 , art. 17 , 18 , 20 & 21 , les tailles en Bugey doivent être réelles , perfonnelles & mixtes : *elles font réelles* pour l'étranger ou pour le forain qui poffede des biens ruraux dans une paroiffe : *elles font mixtes* pour le domicilié qui poffede des ruraux dans la paroiffe de fon domicile ; *& elles font perfonnelles* pour le domicilié qui n'a aucune propriété dans la paroiffe où il exerce fon induftrie.

Malgré une loi auffi précife , & qui n'a jamais été révoquée , il eft très-rare de trouver dans les rôles des tailles du Bugey , des cotes perfonnelles ou induftrielles. Pendant le précédent fiecle , chaque domicilié propriétaire avoit au deffous de fa cote réelle de taille , une feconde cote perfonnelle pour induftrie : toutes ces cotes induftrielles ont difparu , & cependant les Elus fe font confervés dans l'ufage abufif d'appointer des Requêtes chaque année , & de diminuer des cotes de tailles , fous le faux prétexte de *l'induftrie ceffante.*

Il eft réfulté de là une grande furcharge pour les propriétaires taillables , en ce que les Privilégiés du Tiers-Etat , *qui tous ne devroient jouir que de l'exemption de la taille perfonnelle & domiciliaire ,*
jouiffent

jouïssent cependant de l'exemption totale de toutes les *tailles réelles*, *ordinaires & extraordinaires* dans toutes les paroïsses de cette province où ils ont des propriétés. Les officiers qui préfident à l'affiette de la taille, répondent, quand on leur parle de cet abus, que la taille réelle & perfonnelle étant confondue dans ce Pays-ci, l'exemption de l'une emporte néceffairement l'exemption de l'autre.

§ V.

Impôts payés en 1788 par le Clergé.

Le Clergé du Bugey, Breffe & Gex, paie au Roi, à titre de *décimes*, pour fes *biens anciens*, une fomme annuelle de trois mille livres. Il nous eft impoffible de dire au jufte quelle eft la quotité du Clergé du Bugey dans cette contribution : ce Clergé dépend des Dioceses de Belley, Geneve, Lyon & St. Claude : la partie du Clergé du Bugey au diocefe de Lyon, eft impofée conjointement avec le Clergé de Breffe ; la partie du Clergé du Bugey au diocefe de Geneve & de St. Claude, eft impofée avec le Clergé de Gex ; la partie du Clergé du Bugey, du diocefe de Belley, a fon rôle particulier : il feroit donc bien difficile de donner un détail précis de la quotité de l'impôt payé par les Bénéficiers du Bugey, attendu qu'eux feuls font leurs rôles, & exigent cette impofition connue fous le nom de décimes. Cependant nous nous croyons fondés à dire que le Clergé du Bugey paie à l'Etat, à titre de décimes, pour fa portion de l'abonnement de trois mille livres, celle

B

de 1200 liv. ; & que fa contribution pour les affaires négociales de fon ordre , peut s'élever tout au plus à 600 liv. Tout le Clergé du Bugey paie donc , à titre de décimes , une fomme annuelle de 1800 liv.

Suivant l'Edit de 1584 , les biens *de nouvelle acquifition* du Clergé du Bugey , doivent être impofés en *tailles*. Ses acquifitions, depuis deux fiecles, ont été très-confidérables : cependant une très-petite partie eft impofée , parce que l'on a eu grande attention de faire aux Syndics des paroiffes , ou à l'adminiftration du Tiers - Etat , autant de procès ou de difficultés qu'il y a eu de cotes faites aux Maifons Religieufes, & aux Eccléfiaftiques en crédit ou en état de plaider. Par le relevé fait fur les rôles des tailles , les Bénéficiers du Bugey contribuent aux tailles & capitation , pour une fomme totale de 2200 liv.

Les biens de nouvelle acquifition du Clergé ont été affujettis à payer les *vingtiemes* , par l'Arrét du Confeil rendu en 1784 : l'on commença à l'impofer en Bugey en 1785 ; & dans les rôles de l'année 1788 , il fe trouve cotifé pour les deux vingtiemes & les fous pour livre , à la fomme totale de 1100 liv.

La *Crue* fur le prix du fel , eft une impofition qui fut , dans le principe , demandée par le Tiers - Etat fur cet objet de confommation néceffaire , comme le feul moyen poffible de faire contribuer le Clergé & la Nobleffe , à des dépenfes publiques auxquelles ils étoient tenus ainfi que le troifieme Ordre , & pour lefquelles ils ne vouloient confentir aucune impofition. Cette crue eft aujourd'hui de *fix livres* fur chaque minot de fel qui fe vend en Bugey. En fup-

ofant fix perfonnes pour confommer un minot de
fel , & 1800 perfonnes eccléfiaftiques , ou nourries
par elles , cet ordre doit confommer 300 minots de
fel ; il contribue donc à l'impofition de la crue , pour
une fomme annuelle de 1800 liv.

Le Clergé du Bugey a contribué en total , pour
les impofitions royales & négociales ,

S A V O I R :

Décimes , ... 1800 l.
Taille & Capitation , ... 2200 l.
Vingtiemes , ... 1100 l.
Crue fur le fel , ... 1800 l.

Total des impofitions payées par le
Clergé en 1788 , ... 6900 l.

§ V I.

Impôts payés en 1788 par la Nobleſſe.

La Nobleffe paie la *Capitation* ; fes Syndics font
eux-mêmes leur rôle , qui eft enfuite rendu exécutoire
par M. l'Intendant ; ils ajoutent à l'impôt pour le Roi ,
une fomme pour fervir aux dépenfes de leur adminiftration. Ils ont impofé , pour 1788 , une fomme
totale de . . . . 4398 l. 5 f.

La Nobleffe paie les *Vingtiemes* ; elle a un rôle
féparé , qui eft fait , ainfi que ceux du Tiers-Etat ,

B ij

par les Syndics généraux de ces deux Ordres réunis, & enfuite rendu exécutoire par M. l'Intendant. Le montant total des Vingtiemes & fous pour livre impofés en 1788, fur les Nobles du Bugey, a été de . . . . 27369 l. 11 f.

La Noblefle paie fa portion de la crue fur le fel ; mais comme les Gentilshommes qui habitent en Bugey, font peu nombreux, leur confommation n'eft pas bien confidérable : l'on croit qu'il y a à peu près 90 ménages nobles, qui multipliés par 10, donneroient 900 perfonnes confommant 150 minots de fel, & contribuant à l'impofition de la crue pour 900 liv. ; mais pour faire une fomme ronde, fuppofons la contribution de . . . . 1000 l.

La Noblefle du Bugey a contribué en total pour les impofitions royales & négociales,

SAVOIR :

Capitation, ... 4398 l. 5 f.
Vingtiemes, ... 27369 l. 11 f.
Crue fur le fel . . . . 1000 l.

Total des impofitions payées par la Noblefle en 1788, ... 32767 l. 16 f.

§ V I I.

Impôts payés en 1788 par le Tiers - Etat.

Taille & Taillon, ...	68906 l. 13 f.
Subfiftance & Exemption, . .	52962 l. 15 f. 6 d.
Milices, ...	35255 l. 7 f. 8 d.
Gratifications, ...	26851 l. 10 f. 9 d.
Etapes , ...	23977 l. 16 f. 6 d.
Taxations des Elus , . . .	1479 l. 1 f. 6 d.
Capitation, ...	34115 l. 1 f. 6 d.
Frais des rôles de ces impo- fitions , ...	3418 l. 9 d.
Vingtiemes , ...	95813 l. 4 f. 5 d.
Frais faits par le Receveur contre les Collecteurs, & qui ne font jamais payés que par le Tiers - Etat , environ	1500 l.
La Crue fur le fel , faifant un revenu annuel de 60000 l. ; & le Clergé & la Nobleffe n'y contribuant que pour 3000 l. , au plus , le Tiers- Etat a donc payé . . .	57000 l.
	401279 l. 11 f. 7 d.
A diftraire, payé par le Clergé en tailles & vingtiemes, pour fes bien de nouvelle acquifition , ...	3300 l.
Total des impofitions payées par le Tiers - Etat en 1788 , ...	397979 l. 11 f. 7 d.

ENSEMBLE.

En 1788, le Clergé a payé,
pour la totalité de ses impôts
& pour ses affaires négo-
ciales, la somme de . . .   6900 l.

En 1788, la Noblesse a payé,
pour la totalité de ses impôts
& pour ses affaires négo-
ciales, la somme de . . .   32767 l. 16 s.

En 1788, le Tiers-Etat a payé,
pour la totalité de ses impôts
& pour ses affaires négo-
ciales, la somme de . . .   397979 l. 11 s. 7 d.

Total payé en 1788, par les
trois Ordres du Bugey, . .   437647 l. 7 s. 7 d.

§ VIII.

Tableau essentiel.

Le Bugey, situé entre le Rhône, la riviere d'Ain, la Comté & le Mont-Jura, a une surface de 86 lieues quarrées, la lieue de 2500 toises.

L'arpent de France est de cent perches quarrées, la perche de 18 pieds; ainsi l'arpent est de 900 toises quarrées : en réduisant en arpents la surface du Bugey, l'on en trouve 597222 plus 200 toises.

Les rochers, les friches, les marais, lacs, rivieres grandes routes, chemins vicinaux & de defferte, l'emplacement des habitations & bâtiments ruftiques, & cette immenfité de communaux ftériles ou dévaftés, font nuls pour le produit, & doivent être rayés de la maffe des arpents produ&ibles ; par la connoiffance particuliere que l'on a du pays, l'on eft fondé à foutenir que ces objets forment environ un tiers de la furface du Bugey : effaçons donc 197222 arpents, plus 200 toifes, il reftera 400000 arpents produc-tibles & fujets à l'impôt.

Tous ceux qui ont connoiffance des propriétés du Bugey, foutiennent que le Clergé poffede au moins un quart de cette étendue, la Nobleffe un autre quart, & le Tiers-Etat la moitié. Dans un pays qui n'eft pas cadaftré, l'on ne peut approcher du vrai que par des apperçus & des probabilités ; l'on ne peut donc pas donner une preuve géométrique : mais s'il s'élevoit quelques doutes, l'on prouveroit par des cal-culs fans réplique, que la divifion que l'on vient de faire, donne au Clergé & à la Nobleffe beaucoup moins qu'ils ne poffedent.

Le Clergé poffede donc en Bugey 100000 arpents ; & fon impôt total eft de 6900 liv. Il a donc con-tribué à raifon *d'un fou quatre deniers & demi par arpent.*

La Nobleffe poffede, en Bugey, 100000 arpents : fon impôt total eft de 32767 l. 16 f. Elle a donc contribué à raifon *de fix fous fix deniers & demi par arpent.*

B iv

Le Tiers-Etat poffede , en Bugey , 200000 arpents : fon impôt total eft de 397979 l. 11 f. 7 d. Il a donc contribué à raifon *de trente - neuf fous neuf deniers & demi par arpent.*

En 1788.

L'impôt du Clergé a été par
arpent de . . . . . . 1 f. 4 d. ½

L'impôt de la Nobleffe a été
par arpent de . . . . . 6 f. 6 d. ½

L'impôt du Tiers - Etat a été
par arpent de . . . . . 1 l. 19 f. 9 d. ½

§ I X.

Confidérations générales.

En réduifant tous vos privileges d'exemption à ce qu'ils doivent être fuivant les loix, il en réfulteroit un bien modique avantage pour le Clergé, & des inquifitions bien fâcheufes pour la nobleffe qui auroit négligé fes titres , ou qui n'en auroit que de nouvelle date. Ces obfervations vous décideront , fans doute , Messieurs, à renoncer à un privilege qui ne doit fon importance qu'à de grands abus, & qui a été conftamment une furcharge accablante pour le Tiers= Etat.

Si tout ce qui précede ne vous déterminoit pas au acrifice que la juftice & des exemples nombreux follicitent de votre part, vous êtes prié de faire attention¦, que votre privilege d'exemption ne confifte *décidément* qu'à ne pas payer votre part contributive de la *fomme de 9700 écus*, montant de l'abonnement fait en 1564, pour la fuppreffion de la gabelle : cette fomme eft encore la même aujourd'hui, & elle eft impofée fous le nom de taille ordinaire.

L'on y a ajouté le taillon pour l'entretien des troupes, la fubfiftance, l'exemption, les milices, l'étape, &c. ; tous ces impôts doivent être certainement à la charge de tous les individus de la fociété fans exception.

De toutes ces impofitions, aucune n'exiftoit lorfque les Ducs de Savoie accorderent les privileges qui viennent d'être analyfés, & aucune loi pofitive n'en a exempté le Clergé & la Nobleffe ; vos deux Ordres doivent donc y contribuer de la même maniere qu'ils font tenus de contribuer aux vingtiemes & à la capitation. Si toutefois cependant, quelque loi d'exemption avoit été furprife, voudriez-vous foutenir, MESSIEURS, que les charges de la fociété ne doivent pas pefer fur vous, que la défenfe de cette fociété ne vous intéreffe en rien, & que les appointements des Gouverneurs, Commandants, Intendants, &c. ne doivent être payés que par le Tiers-Etat ? Nous ne pouvons pas penfer que, dans un moment où la lumiere jaillit de tous côtés, vos deux Ordres veuillent défendre des abus profcrits dans la plupart des Provinces, & par tout ce que la France a de plus illuftre.

La différence que nous venons de vous faire remarquer dans les contributions des différents Ordres, a dû vous paroître exceffive ; & vous la trouverez bien injufte, fi vous réfléchiffez que les fonds dont jouit le Tiers-Etat font grevés, au profit de vos deux Ordres, de dîmes, de tâches, de cens, de fervis, de rentes, de fondations & de droits féodaux de toute efpece ; fi vous réfléchiffez que le Tiers-Etat eft chargé *feul* de toutes les corvées pénibles & *difpendieufes* de la Société, & que vos deux Ordres fe font réfervé à eux *feuls*, le droit de repréfenter dans les poftes brillants & *lucratifs*.

Quoique nous ayons fait un examen févere de vos privileges, il ne faudroit pas croire, MESSIEURS, que nous euffions le moindre doute fur vos difpofitions de juftice & d'équité : nous penfons & nous fommes intimément perfuadés que fi vous vous étiez regardés comme fuffifamment autorifés, vous auriez, dès long-temps, donné l'exemple du patriotifme, en renonçant à un privilege qui pefe fi fort fur le Tiers-Etat ; mais vous avez redouté, fans doute, les réclamations de vos Commettants. Cependant, lorfque les Membres de vos deux Ordres connoîtront mieux des privileges d'exemption qui n'étoient devenus confidérables que par de grands abus, ils fe détermineront plus aifément à en faire le facrifice. Au furplus, MESSIEURS, vous pourriez y renoncer, *quant à vous*, fans prétendre engager vos corps refpectifs ;

cet exemple feroit fuivi : alors tous les intérêts devenant communs entre les trois Ordres, il devient néceffaire de réclamer le rétabliffement des anciens Etats du Bugey, avec quelques modifications peu importantes, mais devenues néceffaires dans les circonftances actuelles.

§ X.

De l'ancienne conftitution du Bugey.

Avant l'invafion des Francs & des Bourguignons, les 17 Provinces Gauloifes étoient indépendantes les unes des autres : chaque Province étoit divifée en cités, qui avoient chacune à leur tête des Comtes fous la dépendance des Gouverneurs Romains : chaque année, ces Comtes, les Magiftrats & les Députés s'affembloient pour traiter les affaires de leur province. BELLEY, Capitale du Bugey, étoit une des cités de la Séquanaife, qui avoit Befançon pour Métropole. C'eft fur le modele de la divifion de ces 17 Provinces que fe font formés les Provinces & les Dio\-cefes eccléfiaftiques : en 412, Audax, Evêque de Belley, étoit fuffragant de Befançon ; fes fucceffeurs le font encore : puifque Belley avoit un Evêque en 412, cette ville étoit donc de quelque importance ; elle étoit donc au rang des cités, & en cette qualité, elle concouroit à l'adminiftration de la Séquanaife dont elle dépendoit.

Lorfque les Bourguignons pafferent le Rhin, & qu'ils vinrent fonder le premier Royaume de Bour-

gogne , Gondicaire , leur premier Roi , établit son
Trône à Geneve, ensuite à Vienne : toute la Séqua-
naise étoit dans sa dépendance. Ce Royaume dura
jusqu'en 532 , qu'il fut envahi par Clotaire & Chil-
debert , Rois des Francs ; il devint alors comme une
Province unie à la Monarchie françoise , & fut , en
plusieurs fois & en différents temps , démembré &
divisé entre différents Princes , jusqu'à ce qu'enfin des
débris de l'ancien Royaume de Bourgogne se for-
merent successivement trois Royaumes : celui de
Provence , l'an 855 ; celui de la Bourgogne Transjuranne , l'an 888 ; & celui d'Arles , composé des
deux autres , l'an 933.

Le Royaume de la Bourgogne Transjuranne con-
tenoit la Suisse jusqu'à la Reuss & les pays de Valais ;
de Geneve , de Chablais & de Bugey. Ce Royaume ,
qui commença en 888 , fut réuni à celui d'Arles en
933 , & l'un & l'autre furent transmis , par le testament de Rodolphe le Fainéant , à Conrad le Salique ,
Empereur d'Occident. Ce testament ne suffisoit pas
pour transmettre un Royaume dont tous les Souverains avoient été élus par les Grands & le Peuple ;
c'est pourquoi cet Empereur fut élu Roi de Bourgogne,
à l'Abbaye de Payerne , le 2 Février 1033 , dans
la forme accoutumée. Il établit , autant que les con-
jonctures le lui permirent , l'ordre & la subordina-
tion dans ses nouveaux Etats ; il ne put cependant
empêcher qu'il ne se formât , dans ce Royaume , de
petites souverainetés héréditaires ? sous la simple
mouvance de l'Empire : ses Successeurs en laisserent
accroître le nombre à tel point , que le Royaume

d'Arles ou de Bourgogne ne leur fournit plus qu'un vain titre. Ils concoururent eux-mêmes au démembrement de cette Monarchie , en accordant à la plupart des Prélats qu'elle comprenoit , la jouiſſance des droits régaliens dans les villes de leur réſidence ; c'eſt ainſi que l'Evêque de Belley obtint la ſeigneurie de de cette ville , la jouiſſance des droits régaliens , & le titre de Prince de l'Empire.

L'Empereur Henri IV donna , l'an 1077 , l'inveſtiture de la ſouveraineté du Bugey , ſous la mouvance de l'Empire , à Amé II , Comte de Savoie, & ſon beau - frere.

L'on trouve dans l'hiſtoire généalogique de la maiſon de Savoie, la preuve que , pendant que le Bugey a appartenu à ſes Princes , les différentes Provinces de leur Duché continuerent de tenir des Aſſemblées d'Etats , & des Etats généraux par la réunion des repréſentants de chaque Province.

Ce fut *l'Aſſemblée des trois Etats de toute la Savoie* , qui ſalua & reconnut Comte , en 1329, Aimon , frere d'Edouard , au préjudice de Jeanne, Ducheſſe de Bretagne , ſa fille.

Ce fut une *Aſſemblée des trois Ordres de tous les Etats du Duc Louis* , qui fut tenue à Geneve l'an 1453 , pour la réforme de la juſtice.

En 1465, Amé IX tint , à Chambery , les Etats de la Savoie & du Piémont.

En 1476, les querelles qu'il y eut en Savoie , au ſujet de la régence du Duc Philibert Ier , déter-

minerent *les trois Etats à s'assembler* & à députer
à Louis XI, Roi de France, pour le prier de
prendre leur Prince & fes Etats, fous fa protection.

Les trois Etats des Provinces dépendantes des
Ducs de Savoie, s'affembloient quelquefois en commun, quelquefois féparément, pour accorder des
levées de deniers à leur Souverain.

Les Etats particuliers de la Savoie s'affembloient
à Chambery ; les Etats particuliers du Bugey s'affembloient à Belley, & les Etats particuliers de Breffe
fe tinrent à Bourg, dès que cette ville fut devenue
plus confidérable que Bagé.

Sous les Romains, les Etats étoient formés par
la réunion des Comtes, (ou Chefs choifis par les
cités) des Magiftrats élus par les Comices, &
des Députés. Sous les Bourguignons, les Etats furent
formés par les Grands & le Peuple : ils le furent
de même fous les Empereurs d'Occident, qui de-
vinrent Souverains de ce pays. Les Prélats étant
devenus poffeffeurs de Fiefs, Princes d'Empire, &c.
le Clergé fe fépara & forma un ordre à part ; ce
qui donna lieu à la diftinction des trois Ordres, dont
la réunion a, depuis ce temps - là, compofé les
Etats.

Lorfque les trois Etats du Bugey étoient affemblés,
il eft à préfumer que l'Evêque de Belley en étoit
le Préfident : jouiffant des droits régaliens, Prince
de l'Empire, Seigneur de fon Diocefe & de la capitale
de la Province, au même titre que les Comtes de Savoie

l'étoient de leurs Comtés, aucun Seigneur du Bugey ne pouvoit ni par le droit ni par le fait lui difputer la préféance.

Le Clergé, la Noblesse & le Tiers-Etat s'affem-bloient féparément, lorfqu'il s'agiffoit d'affaires par-ticulieres à chacun des Ordres. Nous ignorons la compofition & la formation des Affemblées générales & particulieres du Clergé & de la Nobleffe, dans ces temps reculés.

Sous les Ducs de Savoie, le Tiers-Etat avoit des affemblées générales qui fe tenoient en préfence du Bailli; ce Bailli étoit le Gouverneur de la Province. Ces affemblées étoient formées par la réunion des députés des Villes, Bourgs & Mandements; on y nommoit *quatre* Procureurs - Syndics, qui étoient chargés de l'agence de toutes les affaires concernant le Tiers - Etat du Bugey, pendant l'intervalle des affemblées générales. L'on ne fait pas fi ces affemblées fe tenoient à des époques fixes avant François Premier; mais depuis que ce Souverain fe fut emparé du Bugey, elles fe font conftamment tenues, de trois en trois ans, jufqu'à ce jour.

Lorfque les Trois-Etats étoient convenus d'accorder un octroi au Souverain, ou d'impofer une fomme pour les affaires négociales de la Province, les Pro-cureurs-Syndics des Trois-Ordres en faifoient le dépar-tement fur chaque mandement & fur chaque com-munauté, à raifon du nombre de fes feux, meix ou charrues. Les Châtelains du Duc faifoient enfuite l'affiette diftributive fur les paroiffes de leurs mandements : ils impofoient chacun fans exception ; les Seigneurs l'étoient pour eux & pour leurs hommes ; *ces Seigneurs faifoient percevoir les octrois par leurs mains fur leurs hommes , & les remettoient aux Châtelains ; & pour ce , les Seigneurs avoient le dixieme , tant pour la nullité , que pour faire les deniers-bons.*

Les deniers négociaux étoient perçus par les Procureurs – Syndics des Trois-Ordres , qui rendoient enfuite leurs comptes aux affemblées générales. Les Syndics du Clergé & de la Nobleffe faifoient un feul rôle fur ces deux Ordres , & celui du Tiers-Etat étoit fait par fes Syndics.

Les rôles de l'impôt pour le Souverain , étoient intitulés du nom du Gouverneur ou Bailli général , & rendus exécutoires en fon nom : l'impôt fur le Tiers-Etat étoit perçu par les Châtelains du Duc ; ces Châtelains étoient chargés du recouvrement total des revenus du Souverain , & réfidoient fur fes domaines : celui du mandement de Belley réfidoit à Roffillon, parce que le Comte de Savoie étoit Seigneur & Souverain de cette Terre , qu'il y avoit un fort château , & qu'il n'étoit que Souverain de Belley , dont la feigneurie appartient à l'Evêque , qui y a même joui pendant long-temps des droits régaliens.

§ X I.

Conftitution du Bugey depuis 1601.

Après le traité d'Echange de 1601, la Breffe & le Bugey pafferent fous la domination de Henri IV :
les

les Députés de ces deux Provinces furent admis à lui présenter leurs cahiers. Granet, dans son *Stylus regius*, nous a conservé ceux des Députés de la Noblesse du Bugey, & ceux des Députés du Tiers-Etat de la même Province, avec les lettres-patentes qui furent expédiées.

Les Députés du Tiers - Etat du Bugey disent, art. 3 de leurs cahiers : « Leur permettre & » *maintenir en leur entiere liberté de la convoca-* » *tion des Etats de la Province,* tout ainsi & au » même ordre & maniere qui étoit gardé & observé » du temps des Rois vos prédécesseurs, *& dont ils* » *ont usé auparavant de tout temps & ancienneté.* »
Dans les cahiers de la Noblesse du Bugey, art. 3, il est dit : « *Maintenir,* & en tant que besoin seroit, » réintégrer *l'ancienne liberté de la Province pour* » *la Convocation & Assemblée des Etats,* ainsi » qu'elle souloit du temps immémorial, notam- » ment sous les regnes de François de Valois, pre- » mier du nom, & de son fils Henri II, au temps » qu'elle étoit à son obéissance, dont leur service » en étoit avancé & le pays entretenu en grand » repos ; & du depuis encore jusques environ l'année » 1564, que s'étant *ensuivie convention du Peuple* » *avec le Duc* Philibert - Emmanuel, *qu'il ne deman-* « *deroit plus aucune chose aux Etats que ce que le* » *Peuple lui avoit accordé,* l'on a du depuis désisté » de n'assembler lesdits Etats. »

Les lettres - patentes, expédiées ensuite de ces Cahiers, portent : « Nous avons à iceux nosdits

C

» Sujets, Habitants defdits pays de Bugey & Verromey,
» continué, confirmé & approuvé, continuons,
» confirmons & approuvons tous & chacuns leurs pri-
» vileges, franchifes, libertés & immunités, dons,
» conceffions & octrois, dont ils font en bonne &
» deue poffeffion, & qui leur ont été octroyés &
» accordés, foit par les Rois nos prédéceffeurs,
» tenants & occupants le même pays, foit aupara-
» vant & depuis auffi par les Ducs & autres Seigneurs
» d'iceux pays. »

Les anciens privileges du pays ayant été confirmés par Henri I V, chaque Ordre continua d'avoir féparément fes Affemblées générales & particulieres, d'avoir fes Procureurs - Syndics chargés de l'agence des affaires pendant l'intervalle d'une Affemblée générale à l'autre. Ce *fut en préfence des Procu- reurs - Syndics de tous les Ordres, que les Com- miffaires d'Henri IV firent, en 1602, le Réglement fur le fait des tailles* de Breffe & de Bugey.

Depuis 1601, les Affemblées générales du Tiers-Etat fe font tenues de trois en trois ans, d'abord avec la permiffion du Lieutenant - général, Gouver-neur de la Province, & enfuite avec la permiffion de Sa Majefté.

Ces Affemblées générales fe font prefque toujours tenues en préfence du Bailli & de fon Lieutenant au Bailliage de Belley : au commencement du fiecle précédent, ces Affemblées générales fe font tenues quelquefois à Bourg, parce que le Gouverneur de la Province fe rendoit dans cette ville & y ordonnoit la tenue de ces Affemblées ; *dans ces circonftances,* *l'Affemblée générale du Tiers-Etat du Bugey tenoit* *fes féances dans la grande falle des Jacobins, en* *préfence du Bailli & de fon Lieutenant au Bailliage* *de Belley*, qui fe rendoient l'un & l'autre à Bourg, ainfi que les Procureurs - Syndics & les Députés. Auffi-tôt que cette Affemblée étoit finie, le cahier de fes délibérations étoit porté au Gouverneur, qui les revêtoit de fon autorifation, & approuvoit la nomination des Officiers chargés de repréfenter le Tiers-Etat pendant la Triennalité fuivante.

Le Tiers-Etat a toujours joui du droit qui lui a été confervé par Henri IV, de préfenter, à fon Souverain lui - même, les cahiers des demandes & doléances de fon Ordre : il préfentoit auffi des cahiers des demandes au Gouverneur ; mais ce dernier ufage a ceffé depuis que les Miniftres de Sa Majefté ont gardé les détails de tout ce qui intéreffe l'Adminiftration politique du Royaume.

L'Affemblée générale du Tiers-Etat n'avoit nommé, depuis la réunion à la France, que deux Procureurs-Syndics ; mais par celle tenue le 16 Décembre 1631, les Députés, attendu la multitude d'affaires, délibérerent que l'on rétabliroit l'ancien nombre de quatre Syndics, & qu'on leur adjoindroit quatre Confeillers, d'après l'avis defquels fe feroient & s'approuveroient toutes dépenfes pour le bien du pays : l'on ne nomma cependant que trois Syndics & quatre Confeillers, qui furent créés auditeurs des comptes des Syndics. L'Affemblée du 16 Octobre 1658, *nomma trois*

Syndics, cinq Conseillers & un Secretaire , & c'est encore aujourd'hui ce nombre d'Officiers qui forme le bureau intermédiaire.

Les Députés à l'Assemblée générale du Tiers-Etat avoient nommé, jusqu'à l'Assemblée de 1742, les Syndics & Conseils du bureau intermédiaire. A cette époque, il y eut des ordres de Sa Majesté, de conserver en place quelques-uns des Officiers, & de proposer trois Sujets pour chacune des autres places ; *ce fut donc en 1742,* que l'Assemblée générale des Députés des villes & paroisses du Bugey, *cessa le libre exercice d'un droit dont elle jouissoit de temps immémorial.* Il est certain que la faculté de choisir ses Représentants, n'a jamais été enlevée au Tiers Etat du Bugey, ni par le droit, ni par le fait. *Par le droit :* il auroit nécessairement fallu une renonciation expresse de la part de toutes les Communautés du Bugey, & cette renonciation même, quelque générale qu'elle eût été, n'auroit pas pu dépouiller la génération suivante de l'exercice d'un droit que nous tenons tous essentiellement de la nature : or, une pareille renonciation n'a jamais eu lieu, ni en général ni en particulier. *Dans le fait :* les ordres même de Sa Majesté, adressés aux Assemblées générales, pour continuer dans leurs places les Officiers Représentants du Tiers - Etat, font eux-mêmes une preuve renouvellée tous les trois ans, du droit appartenant aux Députés du Tiers - Etat, légalement élus par les différentes paroisses du Bugey, de choisir leurs Représentants. *Le droit des Députés du Tiers-Etat, de choisir leurs Représentants, est donc dans tout son entier.*

Depuis 1601 jusqu'à l'Assemblée tenue le 8 Avril 1688, l'on n'a jamais fait mention, dans les registres, du nom des Députés des villes & communautés de la Province. Ce fut dans cette Assemblée de 1688, que l'on trouve détaillés, pour la premiere fois, les noms des Députés & celui des villes & communautés dont ils avoient les pouvoirs : c'est la premiere fois aussi que les Députés ont signé le procès - verbal de l'Assemblée générale ; jusques-là, les Officiers du Conseil de la Province, le Bailli & son Lieutenant, avoient signé seuls ces procès-verbaux. L'on voit, dans cette même Assemblée de 1688, que les Députés qui y ont paru, faisoient la majeure partie de ceux des villes & communautés *qui ont voix délibérative* dans les Assemblées générales du pays de Bugey. L'on connoît bien les communautés qui, depuis lors jusqu'à présent, ont député aux Assemblées générales ; mais l'on ne trouve pas sur quoi est fondé ce droit exclusif de députation : il est très-surprenant que de très-grosses paroisses n'aient point de Représentants, tandis que de très-petites communautés ont le droit & sont dans l'usage de nommer des Députés.

Lorsque le Roi eut créé des Mairies en titres d'offices, les privileges d'exemption de tailles accordés à ces places, déterminerent l'Administration du Tiers-Etat à en solliciter le rachat : le Roi, en l'accordant, donna à l'Administration particuliere du Tiers-Etat, le droit de nommer des Maires dans les villes

& bourgs où ils feroient jugés néceffaires. Avant ce nouveau régime, chaque communauté affemblée nommoit un ou deux Syndics qui adminiftroient leurs affaires patrimoniales pendant trois ans ; & au bout de ce temps, ils étoient remplacés ou continués.

Les Syndics généraux du Tiers-Etat ont fait, de tout temps, avec Sa Majefté, les abonnements pour les rachats d'Edits, & pour les impôts mis fur leur Ordre ; & lorfque les Edits ou les impôts ont intéreffé les trois Ordres, ou feulement la Nobleffe & le Tiers-Etat, c'eft alors les Syndics des trois ou des deux Ordres, qui ont traité avec le Roi.

Les Syndics du Tiers-Etat étoient chargés de la police générale de fûreté & de fanté ; ils étoient chargés de la levée des milices : ils ont ceffé de s'occuper de cet objet depuis environ 40 ans, que le Commiffaire départi s'eft retenu ces détails.

Jufqu'en 1748, le Confeil particulier du Tiers-Etat avoit l'entiere adminiftration des ponts, chauffées & routes du Bugey ; en 1744, le Commiffaire départi ayant fait nommer un Infpecteur des ponts & chauffées, la connoiffance de tous les détails de cette partie paffa infenfiblement à l'Intendant, & en 1750, l'Arrêt qui continuoit la crue fur le prix du fel, lui attribua le droit d'ordonner la dépenfe relative aux ponts & chauffées, après avoir pris cependant l'avis des Syndics de la Province.

Les Syndics du Tiers-Etat ont, depuis 1601, conftamment affifté aux départements des tailles. L'Election de Belley, créée par Henri IV, ne doit faire aucun enrégiftrement de titres quelconques donnant le privilege d'exemption de tailles, ni ordonner aucune radiation de cotes ou rejet fur le général du Pays, qu'après la communication faite aux Syndics du Tiers-Etat, & qu'enfuite de leur avis & confentement: c'eſt le difpofitif d'une multitude de décifions, & entr'autres de l'Arrêt du Parlement de Dijon, en date du 14 juin 1698.

Les Syndics du Tiers-Etat font le département de l'impofition des milices ; ce département eſt enfuite rendu exécutoire par M. l'Intendant : ils font, conjointement avec les Syndics de la Noblefſe, le département & l'affiette des vingtiemes.

La capitation a été abonnée par traité fait avec Sa Majeſté, & le département de cette impofi-tion devroit toujours être fait par les Syndics de la Noblefſe & du Tiers-Etat, avec le Commiffaire du Roi. Cependant c'eſt l'Intendant feul qui fait ce département, & c'eſt fon Subdélégué qui en fait l'affiette diſtributive fur le Tiers-Etat. Les Syndics & Confeils de la Noblefſe font le rôle de leur Ordre, enfuite de la note particuliere qui leur eſt envoyée par le Com-miffaire départi.

L'Ordre du Clergé, en Bugey, eſt repréfenté par un Bureau intermédiaire, compofé de Monfeigneur l'Evéque de Belley, préfident, d'un député des hauts Décimateurs, d'un député du Chapitre de Belley, d'un député des Religieux, & de quatre députés des Curés, un de chacun des diocefes qui s'étendent en Bugey.

L'Ordre de la Noblefſe tient tous les trois ans une affemblée générale par permiffion de SA MAJESTÉ

C iv

Tout Gentilhomme majeur, propriétaire en Bugey, regnicole, impofé en capitation & ayant 60 ans de Nobleffe, a le droit d'affifter & de voter à cette affemblée. On y nomme trois Syndics & quatre Confeillers, pour s'occuper, pendant la triennalité, de l'agence des affaires de cet Ordre.

Le Confeil des Trois-Ordres eft formé par la réunion de tous les Syndics généraux & Confeils de chacun des Ordres. Depuis la réunion du Bugey à la Couronne de France, jufqu'en 1752, les affemblées des Trois-Ordres n'ont pas été fréquentes; le Tiers-Etat faifoit feul la dépenfe de tout établiffement public, & les Syndics des Trois-Ordres ne fe réuniffoient que lorfqu'il s'agiffoit du rachat d'offices, d'impôts directs ou indirects à la charge de tous les Etats : alors chaque ordre convenoit de la portion qu'il fupporteroit du montant du rachat ou de l'impofition. Dans le cas où les Trois-Etats ne pouvoient pas s'accorder & convenir de la part que chacun devoit fupporter, la voix du Tiers-Etat balançoit celles du Clergé & de la Nobleffe réunis : *alors* l'Intendant étoit chargé de faire la répartition fur les Trois-Ordres : (Arrêt du Confeil d'Etat, du 23 avril 1697.) Cet Arrêt, & quelques autres décifions, prouvent qu'en Bugey, le Clergé & la Nobleffe ne peuvent pas prétendre avoir deux voix contre celle du Tiers-Etat.

Le Roi ayant ordonné l'ouverture des grandes routes, les dépenfes immenfes que ces travaux occafionnoient, forcerent, en 1752, les Syndics du Tiers-Etat à fupplier Sa Majefté d'augmenter la crue ancienne qui fe percevoit fur le prix du fel : cette crue étant payée par tous les confommateurs indiftinctement, l'Ordre du Clergé & celui de la Nobleffe prétendirent qu'ils devoient avoir connoiffance de l'emploi de ces deniers : c'eft depuis cette époque que les affemblées des Trois-Ordres font devenues très-fréquentes.

L'autorité des Syndics-généraux des Trois-Ordres confifte *aujourd'hui* à faire les fonds communs, à furveiller tout ce qui intéreffe la législation & le bien public de la Province en général , à *donner leurs avis* fur l'ouverture & l'entretien des routes, fur la conftruction & réparation des ponts , &c. &c.

§ X I I.

Du rétabliffement de l'ancienne conftitution.

Avant de demander le rétabliffement des anciens Etats du Bugey , il faut néceffairement , MESSIEURS , que les Ordres commencent à renoncer à tout privilege d'exemption d'impôts , & *à ftatuer que la maffe de tous les impôts qui fe perçoivent ou fe percevront fur le Pays, pour le Roi , pour les affaires négociales , pour les charges publiques , & pour les frais d'adminiftration , fera fupportée également par chacun , fans exception , au marc la livre de fes propriétés ,* ainfi que cela fe pratiquoit avant 1564. Alors un feul & même interêt infpirera les Trois-Etats, qui n'auront d'émulation & de rivalité , que pour concourir au bien-être commun de la Société.

Mais en réuniffant les intérêts des Trois-Etats, il faut inva. . . ''-ment conferver la diftinction & la

forme de chaque Ordre. Il eſt eſſentiel que chaque
Ordre conſerve ſéparément le droit d'avoir des repréſentants chargés de veiller à ce qui regarde chacun
en particulier, chargés de répondre au Souverain,
du zele, de la fidélité & de l'obéiſſance de leurs
Corps. Il convient que le Souverain puiſſe faire paſſer
ſes volontés aux repréſentants de chaque Ordre de
ſes ſujets : il faut auſſi que ces repréſentants aient
aſſez d'autorité pour ſe ſurveiller les uns les autres,
s'oppoſer aux abus, aux malverſations, & à tout
ce qui pourroit ſe tramer contre l'intérêt du Souverain, ou contre l'intérêt de l'un des Ordres.

Il faut éviter ſoigneuſement qu'aucun Ordre n'en-
traîne les ſuffrages par ſa prééminence, ſes diſtinc-
tions, ſon nombre & ſa force. Puiſque les droits à
l'égalité proportionnelle des contributions, vont deve-
nir ceux de tous les individus, il ſeroit injuſte, &
tous les abus renaîtroient en foule, ſi un Ordre pouvoit acquérir plus d'influence dans les délibérations
qu'aucun des autres.

Nous nous ſommes apperçus que dans quelques Provinces, le Tiers-Etat demande *que les voix ſoient
comptées par tête*. Nous ne penſons pas que le Bugey
puiſſe *dans tous les cas* former une demande pareille :
nous la regardons comme abſolument oppoſée à l'intérêt du Tiers-Etat, *quand il s'agira de voter des
impoſitions ou des dépenſes*. Le Tiers, en deman-
dant un grand nombre de repréſentants, a voulu,
ſans doute, mettre ſes intérêts à l'abri de la cor-
ruption ; mais plus il aura de repréſentants, plus il
ſera facile de trouver parmi eux quelques hommes

corrompus ou pufillanimes : & un feul individu foible , *dès qu'il s'agira d'opiner par têtes* , caufera des
décifions contraires aux droits du Tiers-Etat , *fur-tout*
quand il fera queftion d'un intérêt , d'un privilege ou
d'une prétention commune à vos deux premiers
Ordres.

L'ufage a été de tout temps , en Bugey , que les
Trois Etats ont opiné par ordre , & que la voix du
Tiers a balancé celle des deux autres ; cet ufage , qui
n'a peut-être entraîné aucun inconvénient pour le
Tiers-Etat , fembleroit rendre indifférent le nombre
des repréfentants de chaque Ordre ; mais aujourd'hui
que Sa Majefté accorde au Tiers-Etat de France , un
nombre de repréfentants égal à celui des repréfentants
du Clergé & de la Nobleffe , foit aux prochains Etats
généraux , foit aux Etats particuliers de quelques
Provinces , notre Ordre ne peut fe difpenfer de
réclamer une repréfentation égale à celle de vos deux
Ordres réunis.

C'eft d'après ces principes , qu'il faut tracer le
plan de la conftitution qui convient aux Trois-Ordres
du Bugey : nous vous en préfenterons le projet ; mais
nous penfons, MESSIEURS, que c'eft dans une affemblée
générale des Trois Ordres , que ce projet doit être
examiné & approuvé , & que cette affemblée générale a feule le droit de voter les changements à faire
à la conftitution actuelle. Ce droit n'appartient point
aux officiers qui compofent les bureaux intermédiai-
res ; les affemblées générales de chaque Ordre n'ont
jamais donné ce droit à leurs repréfentants.

MAIS permettez-nous de suppofer ici , que dans les affemblées générales , vos deux premiers Ordres fe décident pour la confervation de leurs privileges ; faudra-t-il alors demander une adminiftration commune aux Trois-Etats ? Nous vous répondrons , NON. En effet , de quel droit vos deux premiers Ordres voudroient-ils voter des dépenfes auxquelles ils ne contribueroient pas ? De quel droit prétendroient-ils avoir connoiffance de l'emploi de deniers qu'ils n'auroient pas fournis ?

Si la juftice & l'humanité ne trouvoient pas accès dans vos affemblées générales , il ne refte de reffource au Tiers-Etat , que celle *de réclamer feul & pour lui feul* , la plus entiere adminiftration de l'affiette des impôts qui font payés par fon Ordre ; d'offrir le rembourfement des Officiers du bureau qui s'occupe de l'affiette des tailles ; de demander que le Commiffaire départi rende les rôles exécutoires , & foit 'e Juge de toutes les conteftations relatives à l'affiette de l'impôt: ce feroit alors le feul moyen de réduire les privileges à ce qu'ils doivent être fuivant les loix , l'unique moyen de rétablir la juftice diftributive dans les répartitions partielles, & de vous forcer, MESSIEURS, à nous accorder à titre de juftice , ce que nous vous demandons aujourd'hui à titre de facrifice.

Si le Tiers-Etat obtenoit l'entiere adminiftration de tout ce qui eft relatif à l'affiette des tailles , il ne refteroit rien à defirer pour la perfection de fa conftitution *particuliere*. Ses repréfentants s'affemblent *feuls* pour traiter les affaires qui font particulieres à cet Ordre ; & dans le cas où l'un de vos deux Ordres voudroit faire ou entreprendre quelque chofe de contraire à l'intérêt du Tiers-Etat , les repréfentants de celui - ci peuvent s'y oppofer *feuls* , & le forcer à refter dans les bornes que les loix lui ont prefcrites. Dans les Provinces où les repréfentants des Trois-Ordres ne peuvent s'affembler qu'en commun , & où le Tiers-Etat n'a pas une égalité de fuffrages , fes intérêts peuvent-ils être défendus ? Et quelle reffource a-t-il pour s'oppofer aux entreprifes du Clergé & de la Nobleffe ? Le cri de détreffe du Peuple eft-il entendu ? s'échappe-t-il même en préfence de vos deux premiers Ordres ? & n'arrive-t-il pas toujours que fes repréfentants , venus aux affemblées avec l'intention d'y demander des foulagements néceffaires , finiffent par y voter des dépenfes de fantaifie ou de luxe ?

En Bugey , aucun Ordre n'a plus d'influence dans l'adminiftration , qu'aucun des autres. Vous favez , MESSIEURS , que dans les affemblées des Trois Ordres, chacun opine librement , fuivant l'intérêt général de la Province , & fuivant l'intérêt particulier du Corps qu'il repréfente. La prééminence du Clergé , les privileges & les diftinctions de la Nobleffe , n'ont jamais entraîné les fuffrages du Tiers-Etat : fes repréfentants connoiffent parfaitement ce qu'ils doivent de refpect & de déférence aux premiers Ordres de la fociété ; mais ils favent auffi que les droits & les befoins du Peuple exigent de leur part une fermeté conftante , pour empêcher fa ruine entiere.

ENFIN, MESSIEURS, fi cependant les affemblées générales de vos deux Ordres fe décident à renoncer à leurs privileges, & à demander le rétabliffement de l'ancienne conftitution, le facrifice des droits réels du Tiers-Etat fera bien plus confidérable que quelque facrifice pécuniaire que la juftice follicite de la part du Clergé & de la Nobleffe ; mais ne difputant que de facrifices & non de privileges, le Tiers-Etat veut feulement appercevoir l'énergie que la réunion conf-tante des Trois-Ordres peut donner à fa conftitution, la force qu'elle acquerra pour s'oppofer aux abus, aux déprédations & aux prétentions qui accablent aujourd'hui la Province. Le Tiers-Etat voit dans cette coalition, la fin des diffentions qui depuis deux fiecles ont féparé les intérêts des Ordres, les ont ifolés, fait fufpeƈer les uns par les autres, & ont rendus ennemis des *hommes* faits pour s'aider, fe protéger & fe défendre. Nous fommes citoyens de la même Pro-vince, fujets du même Souverain ; nous fommes François : que tant de titres de réunion ne laiffent parmi nous de rivalité, que pour donner de plus gran-des preuves de dévouement au Souverain, de zele pour la Patrie, & d'empreffement à concourir à tout ce qui peut procurer le bien-être de tous les Habitants du Bugey.

Signé, GAUDET & DEMERLOZ, *Syndics généraux du Tiers-Etat du Bugey.*